# Bowle, Punsch & Co.

Rezepte und Foodstyling von
Bérengère Abraham
Fotografien von d'Amélie Roche

h.f.ullmann

# Inhalt

# Vorwort

Sie suchen nach einem Aperitif, der sich leicht und ganz in Ruhe zubereiten lässt? Mixen Sie doch einfach einen leckeren Cocktail und füllen Sie ihn ganz klassisch in eine große Schüssel! Alle in diesem Buch versammelten Rezepte orientieren sich an einer Getränkemenge von zwei Litern und sind somit ideal für sechs bis acht Personen. Ob mit oder ohne Alkohol – die Möglichkeiten sind vielfältig. Ganz nach Lust und Laune oder passend zur Jahreszeit können Sie auf der Grundlage einiger Basisrezepte zahllose Kombinationen mixen.

Für eine einfache Bowle genügt es, einen beliebigen Fruchtsaft mit Rum zu vermischen. Am besten bereiten Sie sie bereits am Vorabend zu, damit die Aromen sich entfalten und die Früchte einweichen können.

Vom häufig mit der Karibik in Verbindung gebrachten „Punch" (nicht zu verwechseln mit unserem heißen Punsch) existieren tausenderlei Variationen. Er lässt sich auch ohne Alkohol herstellen – aus Fruchtsäften mit kohlensäurehaltigem Mineralwasser oder Limonade.

Bei einer Sangria ist es ebenfalls ratsam, sie 12–24 Stunden ziehen zu lassen, damit der Wein den Geschmack und die Süße der Früchte gut aufnimmt. Fügen Sie Ihren Weinmischungen auch mal Kräuter, Tee und Gewürze hinzu – besonders, wenn es sich um heiße Getränke handelt. Denn beim Erhitzen wird der Wein durch Gewürze und Früchte auf köstlichste Weise aromatisiert.

Wofür Sie sich auch entscheiden – Sangria, Punsch oder Bowle, mit oder ohne Alkohol: Alle Getränke eignen sich hervorragend für festliche Anlässe. Legen Sie also bunte Trinkhalme und schön zurechtgeschnittene Früchte als Beilage bereit. Zögern Sie nicht, Ihren Gläsern eine dekorative Note zu verleihen, und servieren Sie Ihren Zaubertrank mit einer hübschen Kelle.

Und seien Sie kreativ: Bereichern Sie die klassischen Bowlen- und Cocktailrezepte in diesem Buch ganz nach Lust und Laune um das gewisse Etwas!

Bérengère Abraham

# Das brauchen Sie

Limette
Zuckersirup
Ingwer
Minze
Ananas
Birnensaft
Champagner,
Schaumwein
Kokosmilch
Mango
Zitrone
Clementine
Ananassaft
Mangosaft
Mineralwasser
mit Kohlensäure
Blutorange
Rum,
klarer Alkohol

# Die Utensilien

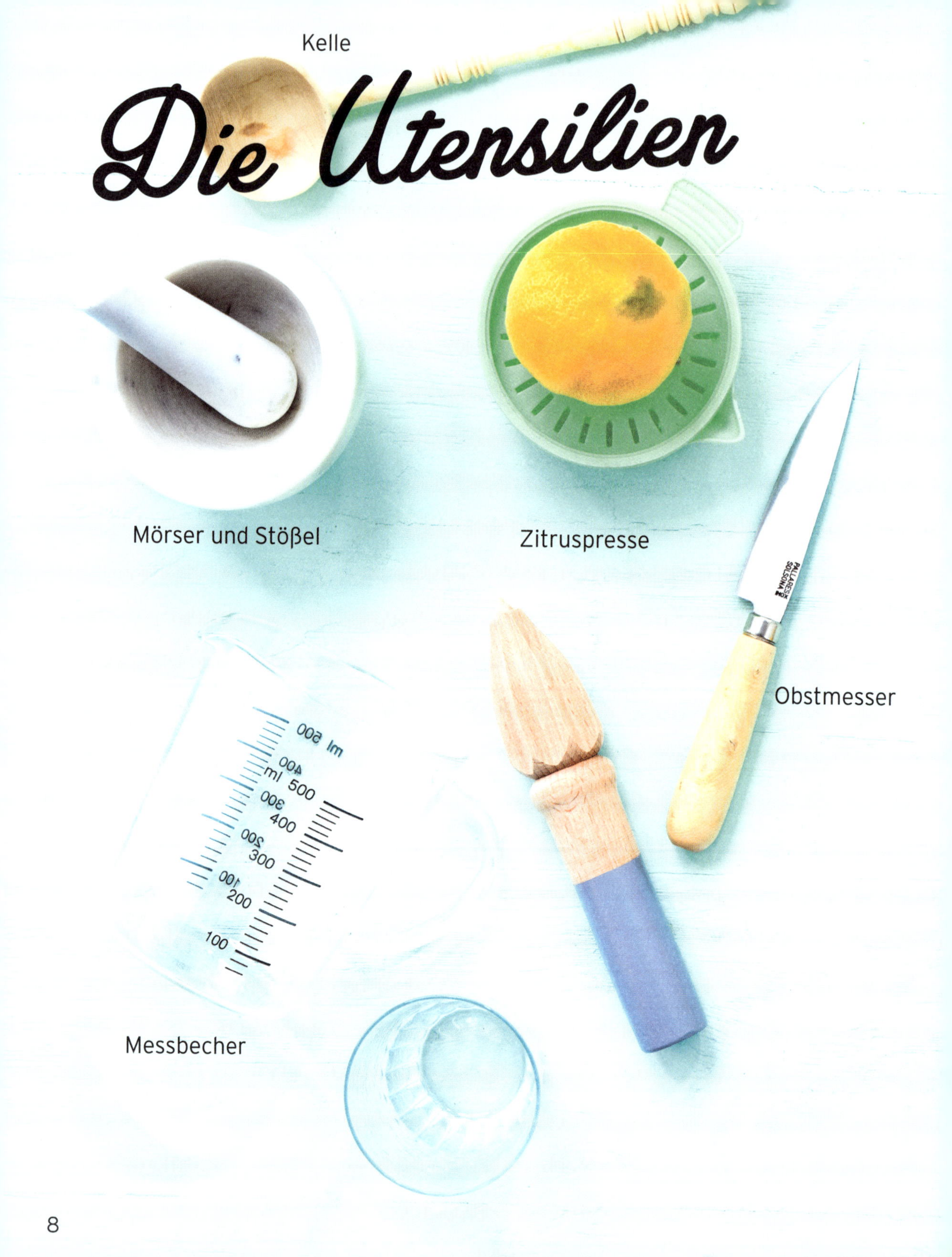

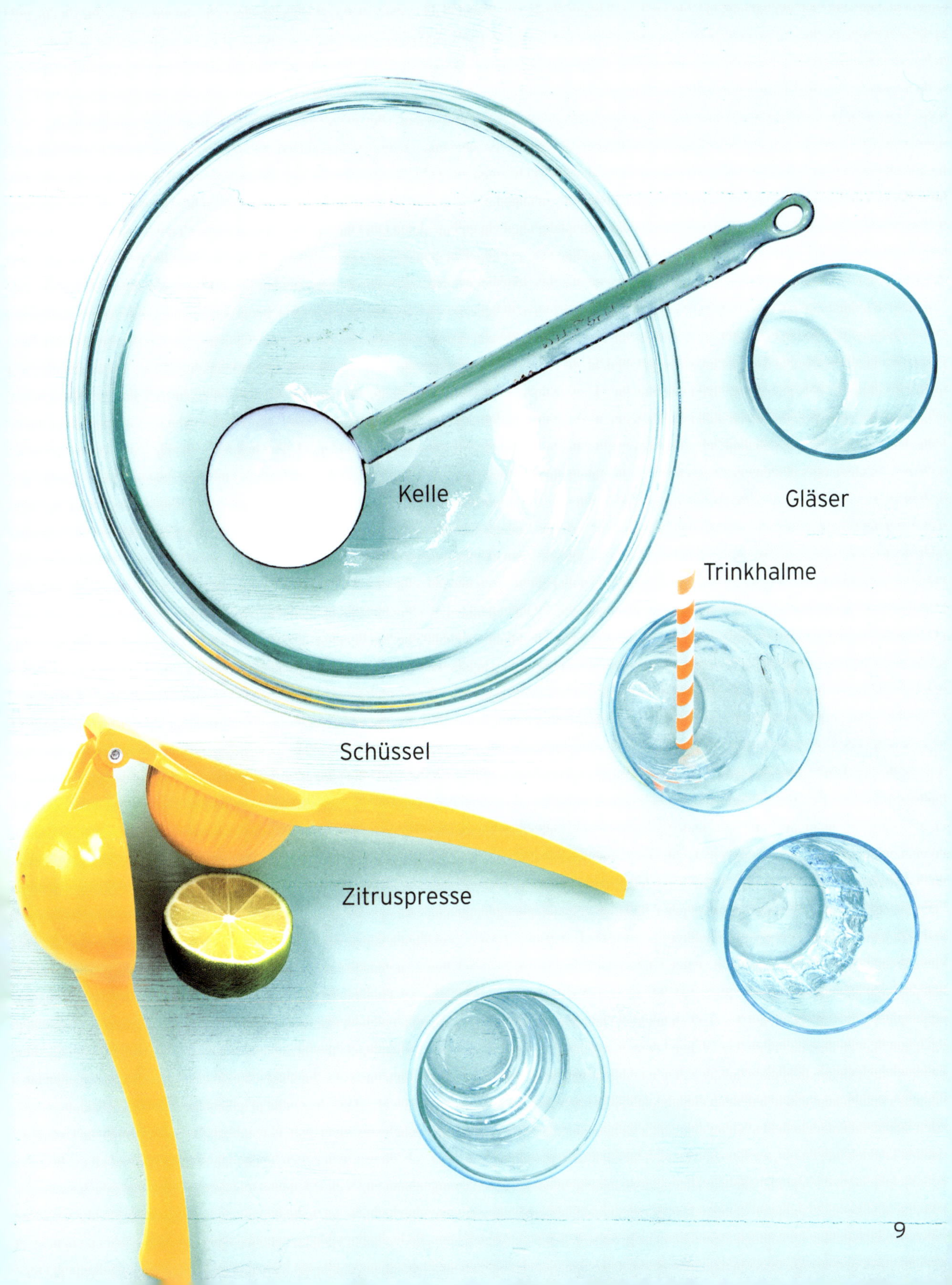
Kelle
Gläser
Trinkhalme
Schüssel
Zitruspresse

# Die Dekoration

Schirmchen
oder
Fantasiestocher
Umrührer
Zuckerrand

# Punsch, Bowle und Sangria

# Bananen-Limetten-Bowle

**Für 2 Liter**
**Zubereitungszeit: 10 Minuten**
**Kühlzeit: 2 Stunden**

+ 750 ml weißer Rum
+ 300 ml Bananensaft
+ 300 ml ungezuckerte Kondensmilch
+ 6 pürierte Bananen
+ 300 ml Zuckersirup
+ Saft von 4 Limetten
+ 2 Limetten in Scheiben
+ 200 ml Malibu
+ 4 Bananen in Scheiben

## *Zubereitung*

Alle flüssigen Zutaten in eine große Schüssel geben. Die pürierten Bananen und danach die Bananen- und Limettenscheiben hinzufügen. Alles gut vermischen und mindestens zwei Stunden in den Kühlschrank stellen.

# Kokos-Zitronen-Bowle

**Für 2 Liter**
**Zubereitungszeit: 10 Minuten**
**Kühlzeit: 24 Stunden**

+ 1 Vanilleschote, Mark ausgekratzt
+ 1 Prise Zimt
+ 250 ml Zuckersirup
+ 1 Limette in Scheiben
+ 1 Zitrone in Scheiben
+ 600 ml Kokosmilch
+ 400 ml gezuckerte Kondensmilch
+ 850 ml weißer Rum

## *Zubereitung*

Die Kokosmilch zusammen mit dem Zuckersirup und der Kondensmilch in einem Topf auf kleiner Flamme erhitzen. Den Topf von der Herdplatte nehmen und Zimt, Vanillemark, Rum sowie Zitronen- und Limettenscheiben hinzufügen. Das Ganze in eine große Schüssel geben und mindestens 24 Stunden in den Kühlschrank stellen. Mit einigen Eiswürfeln servieren.

# Bowle mit Blaubeeren, Zitrone und Verbene

Für 2 Liter
Zubereitungszeit: 10 Minuten • Kühlzeit: 2–4 Stunden

+ 500 ml Apfelsaft

+ 150 g Blaubeeren

+ etwa 20 Verbenenblätter

+ 800 ml weißer Rum

+ 1 Zitrone in feinen Viertelscheiben

+ 200 ml Zuckersirup

+ 400 ml Verbenen-Teeaufguss

+ 100 ml Zitronensaft

## *Zubereitung*

Den Apfelsaft in einer großen Schüssel mit dem Zuckersirup, dem Zitronensaft, dem Rum und dem gefilterten Verbenen-Tee vermischen. Die Blaubeeren, die geviertelten Zitronenscheiben und die Verbenenblätter hinzufügen. Für ein paar Stunden in den Kühlschrank stellen. Mit einigen Eiswürfeln servieren.

# Kalter Weihnachtspunsch mit Gewürzen

**Für 2 Liter**
**Zubereitungszeit: 10 Minuten**
**Kühlzeit: 2–4 Stunden**

## *Zubereitung*

Den Orangen- und den Grapefruitsaft zusammen mit den Gewürzen in einen Topf geben und auf kleiner Flamme erhitzen. Abkühlen und 1 Stunde ziehen lassen. Das Ganze in eine große Schüssel geben und die Blutorangenscheiben, den Rum sowie den Grand Marnier® hinzufügen. Für ein paar Stunden in den Kühlschrank stellen. Kurz vor dem Servieren den gut gekühlten Champagner in die Schüssel geben. Mit Eiswürfeln servieren.

# Kalter Teepunsch mit Zitronen und Äpfeln

Für 2 Liter
Zubereitungszeit: 10 Minuten
Kühlzeit: 2–4 Stunden

+ 1 Zitrone in Scheiben
+ 150 ml Zuckersirup
+ 500 ml Apfelsaft
+ 650 ml Wasser
+ 150 ml Zitronensaft
+ 2 Äpfel in Scheiben, entkernt
+ 450 ml dunkler Rum
+ 12 g Schwarztee

## *Zubereitung*

Das Wasser in einem kleinen Topf erhitzen, dann den Tee 10 Minuten im köchelnden Wasser ziehen lassen. Den Tee filtern und in eine große Schüssel geben. Den Apfelsaft, den Zitronensaft und den Zuckersirup hinzufügen. Abkühlen lassen, dann den Rum sowie die Apfel- und Zitronenscheiben hinzugeben. Für einige Stunden in den Kühlschrank stellen. Mit Eiswürfeln servieren.

# Bowle rot-weiß

**Für 2 Liter**
**Zubereitungszeit: 10 Minuten**
**Kühlzeit: 2–4 Stunden**

## *Zubereitung*

Die Erdbeeren entstielen und in dünne Scheiben schneiden. Rum, Malibu®, Ananassaft und Kokoscreme in einer großen Schüssel vermischen. Die pürierten Erdbeeren unterziehen, dabei kaum rühren. Zum Schluss die Erdbeerscheiben hinzufügen. Vor dem Servieren einige Stunden in den Kühlschrank stellen.

# Grüne Bowle

**Für 2 Liter**
**Zubereitungszeit: 10 Minuten**

- + 1 kleine Gurke in Scheiben
- + 1 großes Bund Basilikum, Blätter abgezupft
- + 50 g Rohrzucker
- + 1,25 l Zitronenlimonade
- + 750 ml weißer Rum
- + 2 Limetten in Scheiben

## *Zubereitung*

Die Hälfte des Basilikums zusammen mit dem Zucker und der Hälfte der Limettenscheiben zerstoßen und die entstandene Mischung in eine große Schüssel geben. Den Rum und die Limonade hinzufügen, danach die restlichen Limettenscheiben und das restliche Basilikum. Zum Schluss die Gurkenscheiben hinzugeben. Mit Eiswürfeln servieren.

# Champagnerbowle mit Himbeeren und Litschis

**Für 2 Liter**
**Zubereitungszeit: 10 Minuten**

+ 4 Limetten

+ 1 Dose Litschis im eigenen Saft, gekühlt

+ 1 l Champagner, gekühlt

+ 300 ml dunkler Rum

+ 300 ml Mineralwasser mit Kohlensäure, gekühlt

+ 125 g Himbeeren

## *Zubereitung*

2 Limetten in Scheiben schneiden. Den Saft der beiden anderen Limetten in eine Schüssel geben. Mit dem Rum, dem Saft der Litschis und dem Mineralwasser vermischen. Himbeeren, Litschis, Limettenscheiben und zum Schluss den gut gekühlten Champagner hinzugeben.

# Rote Bowle

**Für 2 Liter**
**Zubereitungszeit: 10 Minuten**
**Kühlzeit: 2–4 Stunden**

+ Kerne von ½ Granatapfel

+ 30 g Rohrzucker

+ 1 l Zitronenlimonade, gekühlt

+ 250 ml Cranberrysaft

+ 600 ml Wodka

+ 5 Scheiben Blutorange

+ 150 ml Cointreau®

+ 100 g frische Cranberrys

## *Zubereitung*

Den Cranberrysaft in einer großen Schüssel mit dem Cointreau® und dem Wodka vermischen. Rohrzucker, Cranberrys, Granatapfelkerne und Orangenscheiben hinzufügen. Für einige Stunden in den Kühlschrank stellen. Die Limonade erst kurz vor dem Servieren hinzufügen.

# Wodkabowle mit roten Früchten

Für 2 Liter
Zubereitungszeit: 10 Minuten

+ etwa 20 Minzblätter

+ 125 g Erdbeeren

+ 300 g Himbeeren

+ 100 ml Cointreau®

+ 50 g Johannisbeeren

+ 1,25 l Ginger Beer

+ 600 ml Wodka

## *Zubereitung*

200 g Himbeeren mit dem Cointreau® vermischen, danach den Wodka hinzufügen. Das Ganze in eine große Schüssel geben. Die Erdbeeren entstielen und in Scheiben schneiden. Mit den restlichen Himbeeren und den Johannisbeeren als ganze Früchte in die Schüssel geben. Das Ginger Beer darüber gießen. Bis zum Servieren in den Kühlschrank stellen.

# Birnenbowle mit Ingwer

**Für 2 Liter**
**Zubereitungszeit: 10 Minuten**

+ 150 ml Zuckersirup
+ 2 cm frische Ingwerwurzel
+ 3 Birnen, gewürfelt
+ 800 ml Ginger Ale
+ 350 ml Birnensaft
+ 150 ml Zitronensaft
+ 500 ml Birnenschnaps

## *Zubereitung*

Den Ingwer schälen und in dünne Scheiben schneiden. Den Schnaps mit dem Birnensaft, dem Zuckersirup und dem Zitronensaft in einer großen Schüssel vermischen. Die Birnenwürfel und die Ingwerscheiben hinzufügen. Das Ginger Ale darüber gießen. Bis zum Servieren in den Kühlschrank stellen.

## *Tipp*

Für eine alkoholfreie Variante dieser Bowle lassen Sie einfach den Schnaps weg. Fügen Sie stattdessen zusätzlich 250 ml Birnensaft und 250 ml Ginger Ale hinzu.

# Normannische Apfelbowle

Für 2 Liter
Zubereitungszeit: 10 Minuten
Kühlzeit: 2 Stunden

½ Strauß Minzeblätter

+ 1 l Cidre, gekühlt

+ 2 Äpfel (Granny Smith), gewürfelt

+ 2 oder 3 Zitronenscheiben

+ 300 ml Mineralwasser mit Kohlensäure

+ 350 ml Apfelsaft

+ 350 ml Calvados

## *Zubereitung*

Den Calvados und den Apfelsaft in einer Schüssel vermischen. Die Apfelwürfel und die Zitronenscheiben hinzufügen. Den Cidre und das Mineralwasser in die Schüssel gießen und danach die Minzblätter einstreuen. Für 2 Stunden in den Kühlschrank stellen. Gut gekühlt servieren.

# Kalter Kaffee-Schokoladen-Punsch

**Für 2 Liter**
**Zubereitungszeit: 10 Minuten • Kühlzeit: 12 Stunden**

+ 1 Vanilleschote, Mark ausgekratzt
+ 150 ml Kaffeelikör
+ 400 ml Whisky
+ 550 ml Mandelmilch
+ 4 Kugeln Schokoladeneis
+ 250 ml Espresso
+ 2 EL Zuckersirup
+ 350 ml gezuckerte Kondensmilch

## *Zubereitung*

Die Mandelmilch zusammen mit der Kondensmilch in einen Topf geben und langsam erhitzen. Das Vanillemark und die Schote hinzufügen, danach den Espresso. Abkühlen lassen. Das Ganze in eine große Schüssel geben. Den Whisky, den Kaffeelikör und den Zuckersirup hinzufügen. Für 12 Stunden in den Kühlschrank stellen. Kurz vor dem Servieren das Schokoladeneis sowie einige Eiswürfel in die Schüssel geben.

# Birnen-Rosmarin-Bowle

**Für 2 Liter**
**Zubereitungszeit: 10 Minuten**
**Kühlzeit: 2–4 Stunden**

+ 2 EL flüssiger Honig

+ 350 ml Birnensaft

+ 2 große Zweige Rosmarin, Nadeln abgezupft

+ 2 Birnen, gewürfelt

+ 850 ml Apfelschorle

+ 2 cm frische Ingwerwurzel

+ 600 ml Wodka

+ 3 Limetten

## *Zubereitung*

Den Ingwer schälen und in dünne Scheiben schneiden. Eine Limettenscheibe abschneiden, den Rest der Frucht sowie die beiden anderen Limetten auspressen. Den Limettensaft zusammen mit dem Honig in einem Topf erhitzen, dann den Birnensaft und den Wodka hinzufügen. Das Ganze in eine große Schüssel geben. Die Birnenwürfel, die Ingwerscheiben und den Rosmarin hinzugeben. Für einige Stunden in den Kühlschrank stellen. Unmittelbar vor dem Servieren die Apfelschorle hinzugießen und einige Eiswürfel einfüllen.

# Rumbowle mit Minze

**Für 2 Liter**
**Zubereitungszeit: 30 Minuten**
**Kühlzeit: 2–4 Stunden**

+ 4 EL Rohrzucker

+ 2 Sträuße Minze

+ Saft von 3 Zitronen

+ 1 Zitrone in Scheiben

+ 1 l Wasser

+ 100 g Pinienkerne

+ 2 Beutel grüner Tee

+ 750 ml dunkler Rum

## *Zubereitung*

Das Wasser in einem Topf erhitzen. Die Teebeutel ins köchelnde Wasser geben und die Minze hinzufügen (etwa 10 Minzeblätter zurückbehalten). 30 Minuten ziehen lassen. Den Tee filtern und in eine Schüssel geben. Rum, Pinienkerne, Rohrzucker, Zitronenscheiben, Zitronensaft und restliche Minzeblätter hinzufügen. Für einige Stunden in den Kühlschrank stellen. Mit Eiswürfeln servieren.

# Rumbowle mit Aprikosen und Thymian

**Für 2 Liter**
**Zubereitungszeit: 30 Minuten**
**Kühlzeit: 2–4 Stunden**

+ 100 ml Cointreau®

+ 250 ml Aprikosensaft

+ 1 Zitrone in Scheiben

+ 1 kleines Sträußchen Thymian

+ 6 Aprikosen, halbiert

+ 1 l Zitronenlimonade

+ 650 ml weißer Rum

## *Zubereitung*

Die Aprikosenhälften vierteln. Den Aprikosensaft in einem Topf leicht erwärmen. Den Thymian hinzufügen und das Ganze 30 Minuten ziehen lassen. Rum, Cointreau®, Limonade, Zitronenscheiben und Aprikosenstücke hinzufügen. Vor dem Servieren für einige Stunden in den Kühlschrank stellen.

# Karibischer Rhum Arrangé mit Banane und Vanille

**Für 2 Liter**
**Zubereitungszeit: 10 Minuten**
**Kühlzeit: 48 Stunden**

+ 2 Bananen in Scheiben

+ 3 cm frische Ingwerwurzel

+ 1 Mango, gewürfelt

+ 300 ml Zuckersirup

+ 250 ml Mangosaft

+ 1 Vanilleschote, Mark ausgekratzt

+ 1 l weißer Rum

+ 250 ml Bananensaft

## *Zubereitung*

Den Ingwer schälen und in dünne Scheiben schneiden. Den Rum in eine Schüssel gießen. Fruchtstücke, Vanilleschote, Vanillemark und Ingwerscheiben hinzufügen. Für 48 Stunden in den Kühlschrank stellen. Ganz zum Schluss den Zuckersirup und die beiden Fruchtsäfte hinzugeben. Mit Eiswürfeln servieren.

# Planter's Punch

**Für 2 Liter**
**Zubereitungszeit: 10 Minuten**
**Kühlzeit: 2–4 Stunden**

+ 1 Prise Zimt

½ Limette in Scheiben

+ 50 ml Zuckersirup

+ 500 ml Orangensaft

+ 500 ml Ananassaft

+ 500 ml weißer Rum

+ 1 Vanilleschote, Mark ausgekratzt

+ 500 ml Guavensaft

½ Ananas (Victoria) in Stücken

## *Zubereitung*

Die Fruchtsäfte, den Zuckersirup und den Rum in einer Schüssel mischen.
Zimt, Vanilleschote, Vanillemark, Limettenscheiben und Ananasstücke hinzufügen.
Alles gut durchmischen. Für einige Stunden in den Kühlschrank stellen.
Mit Eiswürfeln servieren.

# Spanische Sangria

**Für 2 Liter**
**Zubereitungszeit: 10 Minuten • Kühlzeit: 24 Stunden**

## Zubereitung

Den Wein mit dem Portwein, dem Cointreau® und dem Cognac in einer Schüssel vermischen. Den Rohrzucker hinzufügen und gut einrühren. Die Orangen- und Apfelstücke in die Schüssel geben. Vor dem Servieren 24 Stunden in den Kühlschrank stellen.

# Weiße Sangria mit Pfirsichen und Limetten

**Für 2 Liter**
**Zubereitungszeit: 10 Minuten • Kühlzeit: 24 Stunden**

+ 2 Limetten in Scheiben

+ 1,5 l Weißwein

+ 350 ml Pfirsichlikör

+ 150 ml Zuckersirup

+ 3 Pfirsiche in Scheiben

## *Zubereitung*

Den Wein mit dem Pfirsichlikör und dem Zuckersirup in einer großen Schüssel mischen. Die Limetten- und die Pfirsichscheiben hinzufügen. Vor dem Servieren für 24 Stunden in den Kühlschrank stellen.

# Rosé-Sangria mit Grapefruit

**Für 2 Liter**
**Zubereitungszeit: 10 Minuten • Kühlzeit: 24 Stunden**

+ 40 ml Cointreau®

+ 250 ml Grapefruitsaft

+ 750 ml Roséwein

+ 2 Grapefruits in Scheiben

+ 450 ml Mineralwasser mit Kohlensäure, gekühlt

+ 3 EL Rohrzucker

+ Kerne von ½ Granatapfel

## Zubereitung

Den Wein mit dem Cointreau® und dem Grapefruitsaft in einer Schüssel vermischen. Den Rohrzucker hinzufügen und gut einrühren. Die Grapefruitscheiben und die Granatapfelkerne hinzugeben. Für 24 Stunden in den Kühlschrank stellen. Vor dem Servieren das gut gekühlte Mineralwasser dazugeben.

# Rosé-Sangria mit Apfel und Melone

**Für 2 Liter**
**Zubereitungszeit: 10 Minuten**
**Kühlzeit: 24 Stunden**

## *Zubereitung*

Den Wein mit dem Cointreau® und dem Rohrzucker in einer Schüssel vermischen. Die Apfel- und Melonenbällchen sowie die Zitronenscheiben hinzufügen. Für 24 Stunden in den Kühlschrank stellen. Vor dem Servieren das gut gekühlte Mineralwasser dazugießen.

# Rote Sangria mit exotischen Früchten

**Für 2 Liter**
**Zubereitungszeit: 10 Minuten**
**Kühlzeit: 24 Stunden**

- + 150 ml Cointreau®
- + 1,5 l Rotwein
- + 1 Orange in Stücken
- + 1 Banane in Scheiben
- + etwa 20 Ananasstückchen
- + 150 ml Portwein
- + Fruchtfleisch von 1 Passionsfrucht
- + 50 g Rohrzucker

## *Zubereitung*

Den Wein mit dem Cointreau®, dem Portwein und dem Rohrzucker in einer Schüssel vermischen. Die Orangen- und Ananasstückchen, das Passionsfruchtfleisch sowie die Bananenscheiben hinzufügen. Vor dem Servieren für 24 Stunden in den Kühlschrank stellen.

# Weiße Sangria mit Trauben und Erdbeeren

**Für 2 Liter**
**Zubereitungszeit: 10 Minuten**
**Kühlzeit: 24 Stunden**

+ 100 ml Zitronensaft
+ 1 Zitrone in Scheiben
+ 50 g Rohrzucker
+ 750 ml Weißwein
+ 150 ml Cointreau®
+ etwa 20 rote Weintrauben
+ 1 l Zitronenlimonade, gekühlt
+ 100 g Erdbeeren

## *Zubereitung*

Die Weintrauben halbieren. Die Erdbeeren entstielen und in dünne Scheiben schneiden. Den Wein in einer Schüssel mit dem Cointreau® und dem Rohrzucker vermischen. Erdbeerscheiben, Traubenhälften, Zitronenscheiben und Zitronensaft hinzufügen. Für 24 Stunden in den Kühlschrank stellen. Vor dem Servieren die gut gekühlte Limonade dazugeben.

# Klassiker

# Gin Fizz mit Zitrone

**Für 2 Liter**
**Zubereitungszeit: 10 Minuten**

+ 12 Zitronenscheiben

+ 550 ml Gin

+ 300 ml
Zitronensaft

+ 150 ml Zuckersirup

+ 1 l Schweppes Lemon®

## *Zubereitung*

Den Gin mit dem Zitronensaft und dem Zuckersirup in einer Schüssel vermischen. Schweppes Lemon® und die Zitronenscheiben hinzufügen. Mit einigen Eiswürfeln sofort servieren.

# Spritz

**Für 2 Liter**
**Zubereitungszeit: 10 Minuten**

+ 12 Orangenscheiben

+ 650 ml Aperol®

+ 350 ml
Mineralwasser mit
Kohlensäure, gekühlt

+ 1 l Prosecco,
gekühlt

## Zubereitung

Den Aperol® und den Prosecco in einer großen Schüssel vermischen. Das Mineralwasser und die Orangenscheiben hinzufügen. Mit reichlich Eiswürfeln sofort servieren.

## Tipp

Zu diesem Getränk passen auch einige Granatapfelkerne.

# Mojito

**Für 2 Liter**
**Zubereitungszeit: 10 Minuten**

+ 2 Limetten in Scheiben

+ 600 ml Mineralwasser mit Kohlensäure

+ 50 g Rohrzucker

+ Saft von 10 Limetten

+ 800 ml kubanischer Rum

+ 2 Bund Minze, Blättchen abgezupft

## *Zubereitung*

Die Minzeblätter mit dem Rohrzucker in einem Mörser zerstoßen und die entstandene Masse in eine Schüssel geben. Den Limettensaft darübergießen und die festen Bestandteile noch weiter zerkleinern. Den Rum und das Mineralwasser angießen. Die Limettenscheiben sowie einige Eiswürfel hinzufügen und sofort servieren.

# Soupe Angevine

Für 2 Liter
Zubereitungszeit: 10 Minuten
Kühlzeit: mindestens 2 Stunden

- + 200 ml Blue Curaçao
- + 1,5 l Champagner, gekühlt
- + 2 Zitronen in halbierten Scheiben
- + 200 ml Zuckersirup
- + 200 ml Zitronensaft

## *Zubereitung*

Den Zitronensaft mit dem Zuckersirup und dem Blue Curaçao in einer Schüssel vermischen. Den Champagner darübergießen. Die halbierten Zitronenscheiben hinzufügen und das Ganze vor dem Servieren für mindestens 2 Stunden in den Kühlschrank stellen.

# Piña colada

**Für 2 Liter**
**Zubereitungszeit: 10 Minuten**

## *Zubereitung*

Den weißen und den dunklen Rum in einer Schüssel vermischen. Den Ananassaft und die Kokosmilch angießen und das Ganze gut durchmischen. Die Ananasstücke sowie einige Eiswürfel hinzufügen und sofort servieren.

## *Tipp*

Damit dieses Getränk angenehm kühl wird, können Sie die Ananasstücke kurz ins Gefrierfach legen, bevor Sie sie in die Schüssel geben.

# Bellini

**Für 2 Liter**
**Zubereitungszeit: 10 Minuten**

+ 500 ml Pfirsichsaft, gekühlt

+ 2 Zitronen in Scheiben

+ 4 Pfirsiche in Scheiben

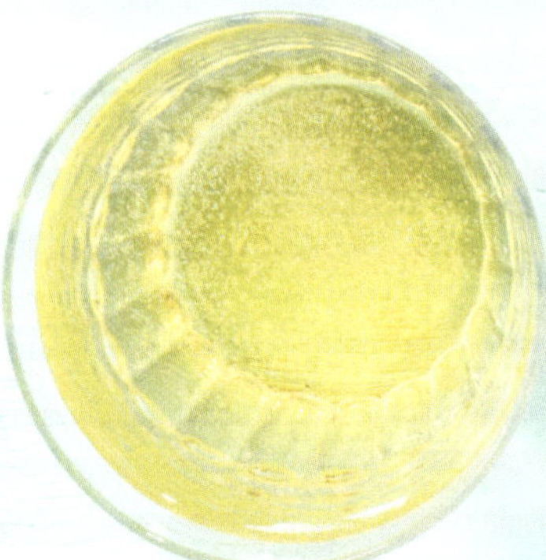

+ 1,5 l Champagner, gekühlt

## *Zubereitung*

Den Champagner in einer großen Schüssel mit dem Pfirsichsaft vermischen. Zitronen- und Pfirsichscheiben hinzufügen. Mit einigen Eiswürfeln sofort servieren.

# Glühwein

**Für 2 Liter**
**Zubereitungszeit: 20 Minuten**

+ 2 Blutorangen
+ 2 Zimtstangen
+ 1 Zitrone, geviertelt
+ 3 Sternanis
+ 5 Kardamomkapseln
+ 1 Vanilleschote, Mark ausgekratzt
+ 3 EL flüssiger Honig
+ 2 l Rotwein

## *Zubereitung*

Die Orangen in Scheiben schneiden. Den Wein in einen Topf geben, die übrigen Zutaten hinzufügen. Etwa 20 Minuten köcheln lassen. Heiß servieren.

# Getränke ohne Alkohol

# Apfelpunsch mit Gewürzen

**Für 2 Liter**
**Zubereitungszeit: 20 Minuten**

+ 2 oder 3 Sternanis
+ 1 oder 2 Zimtstangen
+ 1 Zitrone in Scheiben
+ 2 l Apfelsaft
+ 2 cm frische Ingwerwurzel
+ 2 Orangen in Scheiben

## *Zubereitung*

Den Ingwer schälen und in Scheiben schneiden. Den Apfelsaft in eine Schüssel geben. Die restlichen Zutaten hinzufügen. Etwa 20 Minuten köcheln lassen. Lauwarm servieren.

# Bowle mit roten Früchten und Koriander

Für 2 Liter
Zubereitungszeit: 10 Minuten
Kühlzeit: 2 Stunden

+ 100 ml Erdbeersirup

+ 250 g rote Früchte

+ 1,75 l Mineralwasser mit Kohlensäure, gekühlt

+ 150 ml Zitronensaft

+ 2 Limetten in Scheiben

+ ½ Bund Koriander

## *Zubereitung*

Die Korianderblättchen abzupfen. Den Erdbeersirup mit dem Zitronensaft und dem Mineralwasser in einer Schüssel vermischen. Die roten Früchte, die Korianderblätter und die Limettenscheiben hinzufügen. Für 2 Stunden in den Kühlschrank stellen. Mit einigen Eiswürfeln kalt servieren.

# Spritziger Apfel-Karottensaft mit Ingwer

**Für 2 Liter**
**Zubereitungszeit: 10 Minuten**

+ 3 cm frische Ingwerwurzel

+ 250 ml Apfelsaft

+ 2 Äpfel in dünnen Scheiben

+ 1,5 l Apfelschorle, gekühlt

+ 3 Zitronen in Scheiben

+ 250 ml Karottensaft

## *Zubereitung*

Den Ingwer schälen und in Scheiben schneiden (oder hacken). Den Karottensaft in einer Schüssel mit dem Apfelsaft mischen. Den Ingwer sowie die Zitronen- und Apfelscheiben hinzufügen. Gut durchmischen. Die Apfelschorle darübergießen und das Ganze gut gekühlt servieren.

# Detox-Wasser mit grünem Apfel, Gurke und Limette

**Für 2 Liter**
**Zubereitungszeit: 15 Minuten**
**Kühlzeit: 6 Stunden**

+ 1 Limette in Scheiben

+ 2 l stilles Mineralwasser

+ 2 grüne Äpfel in dünnen Scheiben

+ 1 Bund Minze, Blättchen abgezupft

+ $\frac{1}{2}$ Gurke in Scheiben

## *Zubereitung*

Die Hälfte des Wassers in einem Topf erhitzen und die Hälfte der Minze hinzufügen. Ziehen lassen. Durch ein Sieb gießen und mit dem restlichen Mineralwasser in einer Schüssel mischen. Die Gurken- und die Limettenscheiben sowie die restliche Minze und die Apfelscheiben hinzufügen. Für 6 Stunden in den Kühlschrank stellen. Mit einigen Eiswürfeln servieren.

# Alkoholfreie Sangria

Für 2 Liter
Zubereitungszeit: 10 Minuten
Kühlzeit: 4 Stunden

+ 200 g Erdbeeren

+ 150 ml Zitronensaft

+ 2 rote Äpfel

+ 350 ml Orangensaft

+ 1,5 l roter Traubensaft

## *Zubereitung*

Die Äpfel vierteln und die Erdbeeren halbieren. Den Traubensaft mit Zitronen- und Orangensaft in einer Schüssel mischen. Die Äpfel und die Erdbeeren hinzufügen. Für 4 Stunden in den Kühlschrank stellen. Gut gekühlt mit einigen Eiswürfeln servieren.

# Orangen-Eistee mit Gewürzen und Rosmarin

Für 2 Liter
Zubereitungszeit: 10 Minuten
Kühlzeit: 4 Stunden

- + 2 Zweige Rosmarin
- + 1 Clementine in Scheiben
- + 500 ml Orangensaft
- + 1,5 l grüner Tee, lauwarm
- + 2 Zimtstangen
- + 2 Sternanis
- + 2 Orangen in Scheiben

## Zubereitung

Den Tee und den Orangensaft in einer Schüssel vermischen. Die Orangen- und Clementinenscheiben, den Sternanis, die Zimtstangen und den Rosmarin hinzufügen. Alles gut durchmischen. Für mindestens 4 Stunden in den Kühlschrank stellen und mit einigen Eiswürfeln servieren.

# Alkoholfreier Mojito mit Kiwi und Blaubeeren

**Für 2 Liter**
**Zubereitungszeit: 10 Minuten**

+ 150 g Blaubeeren
+ 1,8 l Mineralwasser mit Kohlensäure, gekühlt
+ 200 ml Limettensaft
+ 2 Kiwis in Scheiben
+ 2 Bund Minze, Blättchen abgezupft
+ 2 Limetten in Scheiben
+ 50 g Rohrzucker

## *Zubereitung*

Die Minze in einem Mörser mit dem Rohrzucker und dem Limettensaft zerstoßen. Die Mischung in eine Schüssel geben. Das Mineralwasser, die Limetten- und die Kiwischeiben sowie die Blaubeeren hinzufügen. Mit einigen Eiswürfeln kühl servieren.

# Floral Diabolo

**Für 2 Liter**
**Zubereitungszeit: 10 Minuten**

+ einige essbare Blüten (z.B. Stiefmütterchen)

+ 1,5 l Holunderlimonade

+ 2 Zitronen in Scheiben

+ 500 ml Pfirsichsaft

+ 200 g Kirschen

+ 2 Pfirsiche in Scheiben

## *Zubereitung*

Die Kirschen halbieren und entkernen. Den Pfirsichsaft und die Holunderlimonade in einer Schüssel vermischen. Kirschen, Pfirsich- und Zitronenscheiben hinzufügen. Kurz vor dem Servieren die Blüten und einige Eiswürfel hinzugeben.

# Entdecken Sie außerdem in der Clever kombiniert!-Reihe:

Ab sofort überall im Buchhandel und unter www.ullmannmedien.com erhältlich.

ISBN 978-3-7415-2191-1



Der exzessive Konsum von Alkohol schadet der Gesundheit.
Am besten nur in kleinen Mengen genießen!


Originaltitel : Punchs et sangrias
Original-ISBN: 978-23-17011-16-0

Programmleitung: Anne la Fay
Redaktion: Aurélie Cazenave, Rachel Crabeil
Kreative Leitung: Julie Mathieu
Layout: Natacha Marmouget
Lektorat: Armelle Héron
Herstellung: Thierry Dubus und Gwendoline da Rocha
Lithografie: SNO



Übersetzung aus dem Französischen: Holger Möhlmann für writehouse, Köln
Satz: Röser Media, Karlsruhe, für writehouse
Covergestaltung basierend auf einem Layout von Mango, Paris:
Röser Media GmbH & Co. KG, Karlsruhe

Gesamtherstellung: Ullmann Medien GmbH, Potsdam

Printed in Slovakia, 2017

ISBN 978-3-7415-2190-4

10 9 8 7 6 5 4 3 2 1
X IX VIII VII VI V IV III II I

www.ullmannmedien.com
info@ullmannmedien.com
facebook.com/ullmannmedien
twitter.com/ullmannmedien